NOUVEAU MANUEL

DES

COCHERS

NOUVEAU MANUEL

DES

COCHERS

CONTENANT :

1° Des instructions sur leurs obligations
et leurs droits;
2° Un résumé des ordonnances de police
concernant les voitures
de place, de remise et de grande remise.

OUVRAGE UTILE

AUX GARDIENS DE LA PAIX

chargés de la surveillance des stations

PAR

EUGÈNE LOUET

Prix : 60 centimes

PARIS

LIBRAIRIE N. BONNEFOND

50 ET 52, PASSAGE JOUFFROY

En vente chez les principaux libraires.

NOUVEAU MANUEL

DES

COCHERS

CONTENANT :

Des instructions sur leurs obligations et leurs droits;

Un résumé des ordonnances de police concernant les voitures

de place, de remise et de grande remise.

OUVRAGE UTILE

AUX GARDIENS DE LA PAIX

chargés de la surveillance des stations

PAR

EUGÈNE LOUET

Prix : 60 centimes

PARIS

LIBRAIRIE N. BONNEFOND

50 ET 52, PASSAGE JOUFFROY

En vente chez les principaux libraires.
Tous droits réservés.

PRÉFACE

Les Réglements et les Ordonnances de police concernant les voitures de place, de remise et de grande remise sont relativement compliqués.

Pour les mettre à la portée de tous ceux qui ont intérêt à les étudier, nous les avons condensés dans un résumé divisé méthodiquement.

La table des matières placée à la fin du volume permet de trouver immédiatement la partie que l'on veut consulter.

Ce guide instructif fait connaître les obligations et les droits des cochers.

Quant aux notes qui accompagnent les principaux articles, elles serviront surtout aux gardiens de la paix chargés de la surveillance des stations.

Eugène LOUET.

NOUVEAU MANUEL

DES

COCHERS

———

CHAPITRE PREMIER.

RÉGLEMENTS RELATIFS A LA MISE EN CIRCULATION DES VOITURES PUBLIQUES, A PARIS.

I.

Décret du 23 mai 1866.

Article premier. — Tout individu a la faculté de mettre en circulation, dans Paris, des voitures de place ou de remise destinées au transport des personnes et se louant à l'heure ou à la course, sous la condition d'en faire la déclaration devant qui de droit, d'exécuter les dispositions prescrites par les réglements de police, et de se conformer au tarif des prix de transport arrêté par l'autorité compétente.

Art. 2. — Les voitures de remise qui payent le droit de stationnement peuvent, comme les voitures de place, charger sur la voie publique et y stationner sur les emplacements et aux conditions déterminés par l'autorité compétente.

Art. 3. — La délibération du conseil municipal de Paris, en date du 9 avril dernier, relative à la résiliation du traité conclu entre la Ville de Paris et la Compagnie des petites voitures, est approuvée.

II.

Arrêté du Préfet de la Seine du 24 mai 1866.

Article premier. — Tout loueur de voitures publiques de place ou de remise, à la course et à l'heure, qui voudra user de la faculté de faire stationner ses voitures sur les emplacements à ce affectés d'une manière permanente par l'administration municipale, de prendre des voyageurs sur la voie publique, dans les cas prévus par es règlements de police, de faire le service des abords des chemins de fer, théâtres, établissements publics, réunions particulières et autres de jour et de nuit, dans les limites de nombre et d'espace déterminées par l'autorité compétente, devra préalablement :

1º Déposer à la Préfecture de la Seine (administration de la ville, direction des affaires municipales, première section, bureau du domaine de la Ville) l'engagement de payer par trimestre et d'avance le droit annuel de location de 365 fr. par voiture ;

2º Acquitter à la Caisse municipale le premier trimestre de ce droit, dont il lui sera remis quittance ;

3º Obtenir de la Préfecture de police un permis de circulation.

Sur le vu de ces pièces, les agents de la Préfecture de la Seine feront apposer sur chaque voiture une estampille distincte de celle de la Préfecture de police, afin de constater ostensiblement le payement du droit et le permis de stationnement.

Art. 2. — Le payement du droit cessera d'être exigible après l'expiration du trimestre courant pour toute voiture qui cessera de circuler. Dans ce cas, un procès-verbal dressé par les agents de la Préfecture de la Seine, constatant la déclaration du loueur et le retrait de l'estampille spéciale mentionnée en l'article premier, sera transmis à la direction des affaires municipales.

Art. 3. — L'estampille de la Préfecture de la Seine sera également retirée lorsque le propriétaire de la voiture aura laissé écouler les huit premiers jours d'un nouveau trimestre sans avoir effectué le payement de la portion du droit afférente à ce trimestre commencé.

Art. 4. — Dans le cas de cession d'industrie, la déclaration collective devra en être faite par l'ancien et par le nouveau propriétaire de la voiture, tant à la Préfecture de la Seine qu'à la Préfecture de police, chacune pour ce qui la concerne.

Art. 5. — Un carnet indicatif des emplacements de la voie publique affectés au stationnement des voitures de place ou de remise munies de l'estampille de la Préfecture de la Seine, sera délivré à tout loueur qui aura rempli les formalités de l'article premier, en autant d'exemplaires que ce loueur aura déclaré de voitures.

Art. 6. — Les piqueurs du service municipal des travaux publics de Paris, préposés à la surveillance des stationnements sur la voie publique, sont spécialement chargés de constater le stationnement illicite des voitures non munies de l'estampille de la Préfecture de la Seine

Art. 7. — Le tarif du prix de la course et de l'heure adopté par chaque loueur de voitures de place ou de remise devra être affiché dans l'intérieur de ces voitures et délivré à chaque voyageur.

Nota. — Ce tarif ne peut jamais dépasser les fixations adoptées par l'autorité.

Quel que soit le tarif applicable au service spécial d'une voiture de remise, lorsqu'elle stationne ou charge sur la voie publique dans les conditions déterminées par l'article premier de l'arrêté du 24 mai 1866, le cocher ne peut rien exiger au delà des prix fixés pour les voitures de place.

CHAPITRE II.

DROITS RESPECTIFS DES COCHERS ET DES VOYAGEURS. — DISPOSITIONS RÉGLEMENTAIRES INHÉRENTES AU TARIF (1).

1. Les cochers sont tenus de se rendre au domicile du voyageur pour y charger. Lorsque le temps employé pour leur déplacement et l'attente du voyageur excède quinze minutes, le tarif à l'heure est appliqué à partir du moment où la voiture a été louée.

2. Lorsqu'un cocher s'est rendu à domicile et n'est pas employé, il lui est payé la moitié du prix d'une course ordinaire, si le temps employé pour le déplacement et l'attente ne dépasse pas un quart d'heure ; le prix entier d'une course, si le temps excède un quart d'heure.

3. Les cochers loués à la course ont le

(1) Arrêté du Préfet de la Seine du 24 mai 1866.

droit de suivre la voie la plus courte et la plus facile ; ils ne peuvent prétendre qu'au prix de la course, lorsque, sans s'écarter de l'itinéraire, ils sont requis de déposer pendant le trajet un ou plusieurs voyageurs. Ils ont droit au prix de l'heure lorsque, ayant été loués pour une course, ils sont requis de changer l'itinéraire le plus direct pour se rendre à destination, ou lorsque les voyageurs font décharger des colis placés à l'extérieur de la voiture,

4. Les cochers loués à l'heure doivent suivre l'itinéraire indiqué par le voyageur

5. Les cochers loués à la course et les cochers loués à l'heure (sauf les cas où ces derniers sont requis par les voyageurs d'aller au pas) doivent faire marcher leurs chevaux de manière à parcourir huit kilomètres à l'heure pour les voitures de place, et dix kilomètres pour les voitures de remise.

6. La première heure est due intégralement, lors même qu'elle ne serait pas entièrement écoulée. Le temps excédant

la première heure est payé proportionnel-
lement à sa durée,

7. Les cochers pris à la course ou à
l'heure avant minuit 30 minutes, qui ar-
rivent à destination après cette heure,
n'ont droit qu'au prix fixé pour le jour,
pour la course ou pour la première heure.

Les cochers pris à la course ou à l'heure,
avant six heures du matin en été et sept
heures en hiver, ont droit au tarif de nuit
pour la course et la première heure, quand
bien même ils arriveraient à destination
après ces heures.

8. De six heures du matin à dix heures
du soir en hiver, et minuit en été, les cochers ne sont tenus de franchir les fortifications, pour conduire les voyageurs
dans les bois de Boulogne ou de Vin-
cennes ou dans les communes contiguës à
Paris, qu'autant qu'ils ont été pris à
l'heure.

Ils ne sont pas tenus de franchir les
fortifications après dix heures du soir en
hiver et minuit en été, ni de conduire en
aucun temps des voyageurs dans les com-

munes dont le territoire n'est pas contigu
à Paris.

Le transport dans ces communes, de
même que le transport dans les autres,
après dix heures du soir en hiver et minuit en été, est réglé de gré à gré.

Les communes dont le territoire est
contigu à Paris sont : Charenton, les
Prés-St-Gervais, Saint-Mandé, Mon-
treuil, Bagnolet, Romainville, Pantin, Au-
bervilliers, Saint-Ouen, Saint-Denis, Cli-
chy, Neuilly, Boulogne, Issy, Vanves,
Montrouge, Arcueil, Gentilly, Ivry et Vin-
cennes.

Tout cocher qui est pris avant dix
heures du soir en hiver et minuit en été,
pour se rendre soit dans les bois de Vin-
cennes ou de Boulogne, soit dans les communes dont le territoire est contigu à
Paris, ne peut exiger, lors même qu'il
arrive à destination après dix heures ou
minuit, suivant la saison, un salaire plus
élevé que celui qui résulte du tarif de
jour.

9. Lorsque les chevaux ont été em-

ployés par le même voyageur, à l'extérieur, sans aucun repos, le cocher peut les faire reposer pendant vingt minutes ; ce temps de repos est à la charge du voyageur.

10. Lorsqu'un cocher est loué en dehors des fortifications à destination de Paris, il n'a droit qu'au prix du tarif de l'heure dans l'intérieur de Paris.

11. Lorsqu'un cocher est loué dans l'intérieur de Paris pour conduire directement dans l'une des communes dont le territoire est contigu aux fortifications, le tarif de l'extérieur lui est dû à partir de la location.

Lorsqu'un voyageur, après avoir employé une voiture à l'heure ou à la course dans l'intérieur de Paris, se fait conduire hors des fortifications, le temps employé dans Paris est compté suivant le tarif de l'intérieur ; le temps employé au delà des fortifications, est payé suivant le tarif de l'extérieur.

12. Tous les colis que le voyageur fait placer sur l'impériale des voitures ou le

siége des cochers, quels que soient leur nature ou leur volume, sont assujettis à la taxe fixée par les règlements (1).

Les cochers sont tenus d'en effectuer le chargement et le déchargement.

Ne sont pas regardés comme colis, et doivent être dès lors transportés gratuite= ment, les cartons, sacs de voyage, va= lises, parapluies, cannes, épées, et géné= ralement tous les objets que les voya= geurs peuvent porter à la main ou tenir dans l'intérieur de la voiture sans la dé= tériorer.

13. Les droits de péage pour le pas= sage des ponts ou bacs ne sont à la charge des voyageurs que lorsque ceux-ci ont demandé à y passer.

14. Dans aucun cas les cochers ne peuvent exiger de pourboire.

---

(1) Indemnités pour le transport des colis.
       1 colis................. 0 fr. 25 c.
       2 colis................. 0 fr. 50 c.
       3 colis et au-dessus.... 0 fr. 75 c.

CHAPITRE III.

RÉSUMÉ DES ORDONNANCES DE POLICE CONCERNANT LES VOITURES DE PLACE, DE REMISE ET DE GRANDE REMISE (1).

I.

Des obligations imposées aux entrepreneurs de voitures de place, de remise et de grande remise.

§ I⁴ʳ. — Des obligations personnelles aux entrepreneurs de voitures de place, de remise et de grande remise.

1. — Toute personne qui voudra mettre en circulation dans Paris et faire stationner soit sur la voie publique soit dans un lieu de remisage, une ou plusieurs voitures de place ou de remise, pour marcher à l'heure et à la course, sera tenu de faire préalablement à la Préfecture de

_____

(1) S'adresser pour tous renseignements à la Préfecture de police (2ᵉ division, 3ᵉ bureau).

police la déclaration de ses nom, prénoms, domicile et siége d'établissement, ainsi que de l'espèce et du nombre de voitures qu'il se propose d'exploiter.

Dans le cas où l'entrepreneur voudrait avoir la faculté de faire stationner et charger ses voitures sur la voie publique, il devra justifier du payement préalable de la redevance, représentant le droit de location du domaine municipal, au moyen d'une quittance qui lui aura été délivrée par les soins de la Préfecture de la Seine.

Tout individu qui voudra exercer la profession de loueur de voitures dites de grande remise destinées à marcher à la journée, à la semaine, au mois et à l'année, devra faire la déclaration dont il est parlé plus haut.

Voitures de place. — O. P. du 26 mai 1866, article premier, concernant les voitures de place.

* (1) *Voitures de remise.* — O. P. du

(1) L'astérisque indique qu'en cas d'infraction la voiture est conduite en fourrière.

26 mai 1866, article premier, concernant les voitures de remise.

Voitures de grande remise. — O. P. du 26 mai 1866, art. 11, concernant les voitures de remise.

2. — Tout entrepreneur sera tenu de placer à l'extérieur de son établissement et d'une manière apparente une inscription qui indiquera exactement l'espèce de service auquel ses voitures sont affectées.

V. de R. — O. P. du 24 décembre 1857, art. 60 et du 26 mai 1866, art. 19, concernant les voitures de remise.

V. de G. R. — O. P. du 24 décembre 1857, art. 60 et du 26 mai 1866, art. 19, concernant les voitures de remise.

Nota. — Ces dispositions ne se trouvent point dans les ordonnances de police concernant les voitures de place.

3. — Il est fait expresse défense de mettre en circulation des voitures qui ne seraient pas en bon état de solidité et de propreté, et qui ne réuniraient pas toutes les conditions prescrites.

L'emploi de chevaux entiers, vicieux, atteints de maladies ou d'infirmités qui les rendraient impropres au service est interdit.

Voitures de place. — O. P. du 10 juillet 1857, art. 4, et du 26 mai 1866, art. 10, concernant les voitures de place.

Voitures de remise. — O P. du 24 décembre 1857, art. 61, et du 26 mai 1866, art. 19, concernant lesvoitures de remise

Voitures de grande remise. — O. P. du 24 décembre 1857, art. 61 et du 26 mai 1866, art. 19, concernant les voitures de remise.

1. — Tout entrepreneur qui cessera de faire circuler une ou plusieurs voitures devra en faire immédiatement la déclaration à la Préfecture de police et rapporter les papiers des voitures.

En cas de changement de domicile ou de siége d'établissement, d'ouverture ou de fermeture d'un dépôt, la déclaration devra en être faite quarante-huit heures à l'avance.

V. de P. — O. P. du 26 mai 1866, article premier, concernant les voitures de place.

V. de R. — O. P. du 26 mai 1866, article premier, concernant les voitures de remise.

V. de G. R. — O. P. du 26 mai 1866, art. 12, concernant les voitures de remise.

§ II. — Des obligations spécialement imposées aux entrepreneurs de voitures de place et de remise marchant à l'heure et à la course.

1. — Tout entrepreneur de voitures de place ou de remise sera tenu de pourvoir chacune de ses voitures :

1° D'un livret de maître qui contiendra les règlements concernant les voitures qu'il exploite ;

2° D'un permis de circulation et, s'il y a lieu, d'un permis de station indiquant le numéro de police, le nombre des places de la voiture et, s'il s'agit d'une voiture de remise, les lieux de remisage où elle sera autorisée à stationner.

V. de P. — O. P. du 26 mai 1866, art. 2, concernant les voitures de place.

* V. de R. — O. P. du 26 mai 1866,

art. 2, concernant les voitures de remise.

2. — Les voitures de place et de remise seront numérotées et estampillées.

Le mode de numérotage et toutes les opérations qui y seront relatives seront réglés par un arrêté spécial.

V. de P. — O. P. du 10 juillet 1857, art. 54, et du 26 mai 1866, art. 10, concernant les voitures de place.

V. de R. — O. P. du 26 mai 1866, art. 4, concernant les voitures de remise.

3. — Les numéros de voitures de place et de remise seront toujours en bon état.

Il est défendu de les cacher ou de les masquer.

Aucun numéro, autre que celui de police, aucun avis, aucune affiche, autres que les avis ou affiches autorisés par nous, ne pourront être apposés, soit à l'extérieur, soit à l'intérieur des voitures.

V. de P. — O. P. du 10 juillet 1857,

art. 55 et du 26 mai 1866, art. 10 concernant les voitures de place.

V. de R. — O. P. du 24 décembre 1857, art. 6 et du 26 mai 1866, art. 19, concernant les voitures de remise.

4. — Sera conduite à la fourrière, sans préjudice, s'il y a lieu, de telles autres poursuites qu'il appartiendra :

1° Toute voiture de place ou de remise qui circulerait sans être numérotée ou estampillée, ou à l'aide de faux numéros ou de fausses estampilles.

2° Toute voiture qui, même après avoir été numérotée ou estampillée, ne serait pas en bon état de service et de propreté ou pourrait, par quelque cause que ce soit, compromettre la sûreté publique.

* V. de P. — O. P. du 26 mai 1866, art. 8, concernant les voitures de place.
* V. de R. — O. P. du 26 mai 1866, art. 17, concernant les voitures de remise.

5. — Il y aura constamment dans l'intérieur des voitures de place et de remise une plaque indicative du numéro et des tarifs.

Le modèle de cette plaque sera déterminé par nous.

V. de P. — O. P. du 26 mai 1866, art. 3, concernant les voitures de place.

V. de R. — O. P. du 26 mai 1866, art. 3, concernant les voitures de remise.

6. — Chaque année, et plus souvent s'il est jugé nécessaire, il sera procédé à une visite générale des voitures de place et de remise, ainsi que des chevaux et des harnais.

V. de P. — O. P. du 10 juillet 1857, art. 57 et du 26 mai 1866, art. 10, concernant les voitures de place.

V. de R. — O. P. du 24 décembre 1857, art. 8 et du 26 mai 1866, art. 19, concernant les voitures de remise.

§ III. — Des obligations spécialement imposées aux entrepreneurs de voitures de remise relativement aux lieux de remisage.

1. — L'ouverture d'un lieu de remisage n'aura lieu qu'après qu'il aura été reconnu réunir toutes les conditions convenables à sa destination.

O. P. du 24 décembre 1857, art. 12 et

du 26 mai 1866, art. 19, concernant les voitures de remise.

2. — L'intérieur et les abords de chaque lieu de remisage devront être tenus dans un état constant de propreté.

Tout dépôt de fumier à l'intérieur d'un lieu de remisage est formellement interdit.

O. P. du 24 décembre 1857, art. 13 et du 26 mai 1866, art 19, concernant les voitures de remise.

3. — Il est défendu de faire stationner dans les lieux de remisage un plus grand nombre de voitures que celui qui aura été autorisé.

L'ordonnance de police concernant les voitures de remise devra être affichée par extrait dans tous les lieux de remisage.

* O. P. du 24 décembre 1857, art. 14 et du 26 mai 1866, art. 19, concernant les voitures de remise.

4. — Il est formellement interdit de faire stationner des voitures de remise, marchant à l'heure et à la course, dans des locaux qui n'auraient pas été préalablement autorisés par nous.

Toute voiture autorisée à circuler devra être pourvue d'un lieu de remisage dans Paris, à moins qu'elle ne soit autorisée à stationner sur la voie publique.

O. P. du 26 mai 1866, art. 5, concernant les voitures de remise.

§ IV. — Des obligations spécialement imposées aux entrepreneurs de voitures de grande remise.

1. — Le loueur de voitures de grande remise sera tenu de pourvoir chacune de ses voitures :

1° D'un permis de circulation sur lequel seront indiqués ses nom, prénoms et son âge d'établissement ;

2° Du laissez-passer des contributions indirectes.

O. P. du 24 décembre 1857, art. 56 et du 26 mai 1866, art. 19, concernant les voitures de remise.

2. — Toute voiture de grande remise qui serait trouvée faisant un service à la course ou à l'heure, sera conduite à la fourrière sans préjudice, s'il y a lieu, de telles autres poursuites qu'il appartiendra.

O. P. du 26 mai 1866, art 17, concernant les voitures de remise.

3. — Les voitures de grande remise à quatre roues ne seront pas numérotées.

Les voitures à deux roues seront assujetties au numérotage prescrit par l'ordonnance de police du 20 avril 1843.

O. P. du 24 décembre 1857, art. 55 et du 26 mai 1866, art. 19 concernant les voitures de remise.

4. — Les voitures de grande remise seront présentées à la fourrière pour y être reçues par les experts.

Elles devront être remisées dans des locaux intérieurs et fermés..

O. P. du 26 mai 1866, art. 13, concernant les voitures de remise.

§ V. — Des obligations imposées aux entrepreneurs de voitures de place, de remise et de grande remise, relativement aux cochers qu'ils emploient.

1. — Tout entrepreneur ne pourra employer que des cochers porteurs d'un permis de conduire et d'un bulletin d'entrée en service délivrés par nous.

Le jour même de leur entrée en service l'entrepreneur fera prendre, à la préfecture de police, leur permis de conduire.

Quand ils quitteront l'entrepreneur, celui-ci sera tenu de rapporter ces permis dans les vingt-quatre heures de leur sortie.

V. de P. — O. P. du 10 juillet 1857, art. 6 et du 26 mai 1866, art. 10, concernant les voitures de place.

V. de R. — O. P. du 24 décembre, art. 15 et du 26 mai 1866, art. 19, concernant les voitures de remise.

V. de G. R. — O. P. du 24 décembre 1857, art. 15 et 57 et du 26 mai 1866, art. 19, concernant les voitures de remise.

2. — L'entrepreneur devra en prenant un cocher inscrire la date de son entrée en service sur le permis de conduire et sur le bulletin.

Lorsque le cocher quittera le service de l'entrepreneur, il sera fait mention sur son permis de la date de la sortie.

V. de P. — O. P. du 10 juillet 1857, art. 7 et du 26 mai 1866, art. 10, concernant les voitures de place.

V. de R. — O. P. du 24 décembre 1857 art. 16 et du 26 mai 1866, art. 19, concernant les voitures de remise.

V. de G. R. — O. P. du 24 décembre 1857, art. 16 et 57 et du 26 mai 1866, art. 19, concernant les voitures de remise.

3. — L'entrepreneur tiendra un registre sur lequel il inscrira de suite les noms, prénoms et domiciles de ses cochers, ainsi que les numéros de leur inscription à la préfecture de police.

Il y inscrira aussi chaque jour le numéro de la voiture dont la conduite leur aura été confiée.

Il sera tenu de représenter à toute réquisition des agents de l'autorité le registre dont il s'agit, qui devra être visé, dans les cinq premiers jours de chaque mois, par le contrôleur de la fourrière.

Il conservera ce registre au moins pendant un an, à compter du jour de la dernière inscription.

V. de P. — O. P. du 19 juillet 1857, art. 8 et du 26 mai 1866, art. 10, concernant les voitures de place.

V. de R. — O. P. du 21 décembre 1857, art. 17 et du 26 mai 1866, art. 19, concernant les voitures de remise.

V. de G. R. — O. P. du 23 décembre 1857, art. 17 et 57 et du 26 mai 1866, art. 19, concernant les voitures de remise.

4. — Lorsque l'entrepreneur ne pourra faire comparaître devant l'autorité compétente le cocher prévenu de délit ou de contravention, il sera tenu de faire, dans les vingt-quatre heures, à la Préfecture de Police, le dépôt du permis de conduire.

V. de P. — O. P. du 10 juillet 1857, art. 9 et du 26 mai 1866, art 10, concernant les voitures de place.

V. de R. — O. P. du 24 décembre 1857, art. 18 et du 26 mai 1866, art. 19 concernant les voitures de remise.

V. de G. R. — O. P. du 24 décembre 1857, art. 18 et 57 et du 26 mai 1866, art. 19, concernant les voitures de remise.

5. — Il est formellement défendu d'employer un cocher auquel le permis de conduire aura été retiré.

Lors du retrait de ce permis, l'entrepreneur le rapportera dans les vingt-quatre
heures de l'avis qui lui en sera donné.

* V. de P. — O. P. du 10 juillet 1857,
art. 10 et du 26 mai 1866, art. 10, concernant les voitures de place.

V. de R. — O. P. du 24 décembre
1857, art. 19 et du 26 mai 1866, art. 19
concernant les voitures de remise.

V. de G. R. — O. P. du 24 décembre
1857, art. 19 et 57 et du 26 mai 1866,
art. 19, concernant les voitures de remise.

6. — L'entrepreneur délivrera à cha-
cun de ses cochers, pour les courses de
la journée, une feuille de travail et un
nombre suffisant de cartes indicatives du
numéro et du tarif de la voiture.

Ces cartes et la feuille de travail devront être conformes aux modèles adoptés
par nous.

Les cartes ne pourront être surchargées
ni altérées en aucune manière.

Les feuilles de travail devront être con-
servées, pendant six mois au moins, à la
disposition de l'autorité.

V. de P. — O. P. du 10 juillet 1857, art. 11 et du 26 mai 1866, art 10, concernant les voitures de place.

*V. de R. — O. P. du 24 décembre 1857, art. 20 et du 26 mai 1866, art. 19, concernant les voitures de remise.

Nota. — Ces derniers articles ne sont pas applicables aux cochers des voitures de grande remise.

— Les cochers au service des personnes qui font usage de voitures louées à la journée, à la semaine, au mois ou à l'année ne sont pas assujettis non plus à ces dispositions (O. P. du 26 mai 1866 art. 15 concernant les voitures de remise).

II.

Des obligations imposées aux cochers de voitures de place, de remise et de grande remise.

§ 1er. — Des obligations imposées aux cochers dans leurs rapports avec l'administration et avec les entrepreneurs.

1. — La profession de cocher de voitures de place, de remise et de grande remise ne pourra être exercée que par des indi-

vidus âgés de 18 ans, au moins, et autorisés par nous.

Ils devront être pourvus d'un permis de conduire, qui leur sera délivré à la Préfecture de police.

V. de P. — O. P. du 10 juillet 1857, art. 12 et du 26 mai 1866, art. 10, concernant les voitures de place.

V. de R. — O. P. du 24 décembre 1857, art. 21 et du 26 mai 1866, art. 19, concernant les voitures de remise.

V de G. R. — O. P. du 24 décembre 1857, art. 21 et du 26 mai 1866, art. 14, concernant les voitures de remise.

Nota. — Les cochers au service des personnes qui font usage des voitures louées à la journée, à la semaine, au mois ou à l'année, ne sont pas assujettis à ces dispositions. (O. P. du 26 mai 1866, art. 15.)

2. — Lorsqu'un cocher quittera le service, son permis de conduire restera déposé à la Préfecture de Police.

Il recevra, en échange, un bulletin de dépôt indiquant qu'il est pourvu d'un permis de conduire.

Il sera tenu, lorsqu'il reprendra l'exercice de sa profession, de faire viser, dans les vingt-quatre heures, à la Préfecture de Police, son bulletin d'entrée en service.

V. de P. — O. P. du 10 juillet 1857, art. 13 et du 16 mai 1866, art. 10, concernant les voitures de place.

V. de R. — O. P. du 24 décembre 1857, art. 23 et du 26 mai 1866, art. 19, concernant les voitures de remise.

V. de G. R. — O. P. du 24 décembre 1857, art. 23 et du 26 mai 1866, art. 14, concernant les voitures de remise.

Nota. — Les cochers au service des personnes qui font usage des voitures louées à la journée, à la semaine, au mois ou à l'année, ne sont pas assujettis à ces dispositions. (O. P. du 26 mai 1866, art. 15.)

3. — Tout cocher, en quittant le service, est tenu de remettre à l'entrepreneur les papiers qui lui auront été confiés pour la conduite de la voiture.

En cas de refus de la part du cocher, l'entrepreneur devra en faire la déclaration à la préfecture de police, dans les vingt-quatre heures.

V. de P. — O. P. du 10 juillet 1857, art. 14, et du 26 mai 1866, art. 10, concernant les voitures de place.

V. de R. — O. P. du 24 décembre 1857, art 24, et du 26 mai 1866, art. 19, concernant les voitures de remise.

V. de G. R. — O, P. du 24 décembre 1857, art. 24, et du 25 mai 1866, art. 14, concernant les voitures de remise.

4. — En cas d'infraction aux règlements, de plaintes graves ou réitérées, ou pour tout autre motif qui serait de nature à compromettre la sûreté publique, le permis de conduire des cochers sera retiré temporairement ou définitivement.

Le cocher à qui l'autorisation de conduire aura été retirée, sera tenu de rapporter, dans les vingt-quatre heures, à la Préfecture de Police, son bulletin d'entrée en service.

V. de P. — O. P. du 10 juillet 1857, art. 15 et du 26 mai 1866, art. 10, concernant les voitures de place.

V. de R. — O. P. du 24 décembre 1857, art. 25 et du 26 mai 1866, art. 19, concernant les voitures de remise.

V. de G. R. — O. P. du 24 décembre

1857, art. 25 et du 26 mai 1866, art. 14, concernant les voitures de remise.

§ II. **Des obligations imposées aux cochers dans leurs rapports avec le public.**

1. — Les cochers seront prévenants envers le public.

Il aideront les voyageurs, et surtout les femmes et les enfants, à monter dans leurs voitures ou à en descendre.

Toute impolitesse, tout acte de grossièreté de leur part seront sévèrement réprimés.

V. de P. — O. P. du 10 juillet 1857, art. 16 et du 26 mai 1866, art. 10, concernant les voitures de place.

V. de R. — O. P. du 24 décembre 1857, art. 26 et du 26 mai 1866, art. 19, concernant les voitures de remise.

2. — Il est enjoint à tout cocher d'offrir une carte indicative du numéro et du tarif de sa voiture à la personne qui vient d'y monter.

Lorsque plusieurs personnes à la fois prendront la même voiture, le cocher ne sera tenu de remettre qu'une seule carte.

La remise des cartes devra avoir lieu avant la fermeture de la portière.

V. de P. — O. P. du 10 juillet 1857, art. 17 et du 26 mai 1866, art. 10, concernant les voitures de place.
V. de R. — O. P. du 24 décembre 1857, art. 27 et du 26 mai 1866, art. 19, concernant les voitures de remise.

3. — Il est défendu aux cochers d'admettre plus de voyageurs qu'il n'y aura de places indiquées à l'intérieur des voitures.

Deux enfants, de dix ans au plus, pourront toujours remplacer une personne.

Un enfant, au dessous de cinq ans, ne comptera pas pour une personne.

V. de P. — O. P. du 10 juillet 1857, art. 18 et du 26 mai 1866, art. 10, concernant les voitures de place.
V. de R. — O. P. du 24 décembre 1857, art. 28 et du 26 mai 1866, art. 19, concernant les voitures de remise.

4. — Les cochers ne seront pas tenus de recevoir dans leurs voitures des voya-

geurs en état d'ivresse ni d'y laisser monter des animaux.

V. de P. — O. P. du 10 juillet 1857,
art. 19, et du 26 mai 1866, art. 10, concernant les voitures de place.

V. de R. — O. P. du 24 décembre
1857, art. 29 et du 26 mai 1866, art. 19,
concernant les voitures de remise.

5. — A l'exception des apprentis-cochers porteurs de notre autorisation, les
cochers ne laisseront monter personne
sur leur siége sans l'agrément des voya
geurs.

Dans aucun cas, les cochers ne laisse
ront monter qui que ce soit sur l'impé
riale.

Il leur est défendu de laisser aucun in
dividu se suspendre aux voitures ou s'y
tenir extérieurement de quelque manière
que ce soit.

V. de P. — O. P. du 10 juillet 1857,
art. 20 et du 26 mai 1866, art. 10, concernant les voitures de place.

V. de R. — O. P. du 24 décembre
1857, art. 30 et du 26 mai 1866, art. 19,
concernant les voitures de remise.

6. — **A** la demande des voyageurs, les cochers de cabriolets seront tenus de relever ou d'abaisser les capotes.

V. de P. — O. P. du 10 juillet 1857, art. 21 et du 26 mai 1866, art. 10 concernant les voitures de place.
V. de R. — O. P. du 24 décembre 1857, art. 31 et du 26 mai 1866, art. 19, concernant les voitures de remise.

7. — Après chaque course et avant que les voyageurs se soient éloignés, les cochers visiteront leurs voitures et remettront sur le champ, aux personnes qu'ils auront conduites, les objets qu'elles y auraient laissés.

Il leur est enjoint, dans tous les cas, de demander aux voyageurs, au moment où ces derniers quittent la voiture, s'ils n'ont rien oublié.

Lorsque les personnes auront été conduites aux chemins de fer, aux théâtres ou autres lieux de réunion publique, la visite ci-dessus prescrite sera effectuée avant que d'autres voyageurs aient été admis dans les voitures.

Les objets trouvés par les cochers, et qui n'auront pu être remis sur le champ aux personnes qui les auraient oubliés devront être déposés dans les vingt-quatre heures à la Préfecture de police.

V. de P. — O. P. du 10 juillet 1857, art. 22, et du 26 mai 1866, art. 10, concernant les voitures de place.

V. de R. — O. P. du 24 décembre 1857, art. 32 et du 26 mai 1866, art. 19, concernant les voitures de remise.

8. — Les cochers communiqueront à toute réquisition des voyageurs, les règlements qui, aux termes de la présente ordonnance doivent être déposés dans chaque voiture.

V. de P — O. P. du 10 juillet 1857, art. 23 et du 26 mai 1866, art 10, concernant les voitures de place.

V. de R. — O. P. du 24 décembre 1857, art. 33 et du 26 mai 1866, art. 19, concernant les voitures de remise.

V. de G. R. — O. P. du 24 décembre 1857, art 33 et du 26 mai 1866, art. 14, concernant les voitures de remise.

§ III.

Des obligations imposées aux cochers lorsque leurs voitures sont en circulation ou en station.

1. — Tout cocher de voiture de place ou de remise sera tenu de porter un uniforme dont le modèle sera adopté par nous.

Tout cocher qui cessera de faire partie du service n'aura plus le droit de porter cet uniforme.

* V. de P. — O. P. du 26 mai 1866, art. 4, concernant les voitures de place.

* V. de R. — O. P. du 26 mai 1866, art 6, concernant les voitures de remise.

Nota. — Les cochers au service des personnes qui font usage des voitures louées à la journée, à la semaine, au mois ou à l'année, ne sont pas assujettis à ces dispositions. (O. P. du 26 mai 1866, art. 15, concernant les voitures de remise).

2. — Aucun cocher ne pourra conduire une voiture de place ou de remise sans être muni :

1° D'un bulletin d'entrée en service ;

2° De cartes indicatives du numéro et des tarifs de la voiture ;

3° D'une feuille de travail, sur laquelle il inscrira l'heure d'arrivée sur une station de la voie publique ou dans un lieu de remisage, et l'heure du départ, l'endroit où il aura chargé à domicile et les points de la voie publique sur lesquels les voyageurs auront été pris et déposés, ainsi que les heures de départ et d'arrivée.

Chaque cocher devra toujours avoir dans sa voiture :

1° Le livret de maître contenant les réglements sur les voitures mises en circulation.

2° Le permis de circulation de la voiture.

3° Le permis de station, si la voiture est autorisée à stationner et charger sur la voie publique.

4° Le laissez-passer de l'administration des contributions indirectes.

Les cochers devront présenter les pièces dont il s'agit à toute réquisition des agents de l'autorité.

Pour le cocher propriétaire de la voiture, le permis de conduire remplacera le bulletin d'entrée en service.

*V. de P. — O. P. du 10 juillet 1857, art. 24 et du 26 mai 1866, art. 10, concernant les voitures de place.
*V. de R. — O P. du 26 mai 1866, art. 7, concernant les voitures de remise.
*V. de G. R. — O. P. du 26 mai 1866, art. 7 et 14, concernant les voitures de remise. (Les cochers de grande remise sont tenus de se conformer aux dispositions qui précèdent, excepté aux troisième, quatrième, sixième et huitième alinéas).

Nota. — Les cochers au service des personnes qui font usage de voitures louées à la journée, à la semaine, au mois ou à l'année, ne sont pas assujettis aux deuxième, troisième, quatrième, sixième et huitième alinéas de ces mêmes dispositions. (O. P. du 26 mai 1866, art. 15, concernant les voitures de remise.)

3. — Les cochers ne pourront confier

à qui que ce soit la conduite de leurs voitures, ni se dessaisir des divers papiers prescrits par les règlements.

* V. de P. — O. P. du 10 juillet 1857, art. 25 et du 26 mai 1866, art. 10, concernant les voitures de pl ce.

* V. de R. — O. P. du 24 décembre 1857, art. 35 et du 26 mai 1866, art. 19, concernant les voitures de remise.

* V. de G. R. — O P. du 24 décembre 1857, art. 35 et du 26 mai 1866, art. 11, concernant les voitures de remise.

4. — Ils ne pourront se servir que de fouets montés en cravache.

La dimension de ces fouets est fixée, au maximum, ainsi qu'il suit :

Longueur du manche.	1 m. 30 c.
Longueur de la monture.	1 m. 00 c.
Longueur de la mèche.	0 m. 25 c.
	2 m. 55 c.

Il leur est interdit de les faire claquer ou de les agiter de manière à atteindre les passants.

V. de P. — O. P. du 10 juillet 1857,

art. 26 et du 26 mai 1866, art. 10, concernant les voitures de place.

V. de R. — O. P. du 24 décembre 1857, art. 36 et du 26 mai 1866, art. 19, concernant les voitures de remise.

V. de G. R. — O. P. du 24 décembre 1857, art. 36 et du 26 mai 1866, art. 14, concernant les voitures de remise.

5. Il leur est défendu de conduire en état d'ivresse, de fumer et de dormir lorsque leurs voitures seront en marche.

Il leur est interdit d'ôter leurs habits même pendant les chaleurs.

V. de P. — O. P. du 10 juillet 1857, art. 27 et du 26 mai 1866, art. 10 concernant les voitures de place. (Il est interdit en outre, aux cochers de voitures de place de conduire en blouse).

V. de R. — O. P. du 24 décembre 1857, art. 37 et du 26 mai 1866, art. 19, concernant les voitures de remise.)

V. de G. R. — O. P. du 24 décembre 1857, art. 37 et du 26 mai 1866, art. 14, concernant les voitures de remise.

6. — Il est défendu aux cochers de lutter de vitesse entre eux et de laisser ga-

loper leurs chevaux dans quelque cir-
constance que ce soit.

Ils ne pourront couper les convois ni
les détachements de troupes.

Il leur est fait expresse défense, sous
les peines portées par la loi du 2 juillet
1850, de maltraiter abusivement leurs
chevaux.

V. de P.—O. P. du 10 juillet 1857, art.
28 et du 26 mai 1866, art. 10, concernant
les voitures de place.

V. de R. — O. P. du 24 décembre 1857,
art. 38 et du 26 mai 1866, art. 19, concernant les voitures de remise.

V. de G. R. — O. P. du 24 décembre
1857, art. 38 et du 26 mai 1866, art. 14
concernant les voitures de remise.

7. — Les cochers tiendront constamment leur droite.

Si un obstacle les force de dévier, ils
devront la reprendre aussitôt que possible.

Ils éviteront de faire passer leurs voitures à une distance moindre de 0 m. 70
c. des maisons ou des trottoirs et de mettre les roues dans le ruissau.

Il leur est défendu de faire passer sur

les trottoirs, les roues des voitures ainsi que les chevaux.

Lorsqu'ils se croiseront avec d'autres voitures, les cochers laisseront libre au moins la moitié de la voie publique.

Toutes les fois qu'ils s'arrêteront ou ralentiront leur marche, ils devront élever leur fouet dans le but d'avertir les cochers ou charretiers qui les suivront.

V. de P. — O. P. du 10 juillet 1857, art. 29 et du 26 mai 1866, art. 10, concernant les voitures de place.

V. de R. — O. P. du 24 décembre 1857, art. 39, et du 26 mai 1866, art. 19, concernant les voitures de remise.

V. de G. R. — O. P. du 24 décembre 1857, art. 39 et du 26 mai 1866, art. 14, concernant les voitures de remise.

8. — Les cochers ne pourront faire parcourir à leurs voitures les contr'-allées des boulevards, ni aucune partie des voies et promenades publiques, exclusivement réservées aux piétons.

Le stationnement sur ces points leur est également interdit.

Les voitures ne pourront traverser les contr'allées, pour entrer dans les maisons riveraines, que si le sol de la traverse a été disposé à cet effet.

V. de P. — O. P. du 10 juillet 1857, art. 30 et du 26 mai 1866, art. 10, concernant les voitures de place.

V. de R. — O. P. du 24 décembre 1857, art. 40 et du 26 mai 1866, art. 19, concernant les voitures de remise.

V. de G. R. — O. P. du 24 décembre 1857, art. 40 et du 26 mai 1866, art. 14, concernant les voitures de remise.

9. — Les cochers ne pourront faire arriver leurs voitures aux embarcadères des chemins de fer, aux théâtres, spectacles, bals, concerts et autres lieux de réunion et de divertissements publics, qu'aux pas, sur une seule file, et par les rues désignées dans les consignes.

Dans ces circonstances, il leur est défendu de quitter, sous quelque prétexte que ce soit, leur siége et les rênes de leurs chevaux, pendant que les personnes qu'ils auront conduites, descendront de leurs voitures ou y monteront.

Ils ne pourront faire marcher leurs voitures qu'au pas et sur une seule file jusqu'à ce qu'elles soient sorties des rues environnant les établissements ci-dessus désignés.

Il leur est fait expresse défense d'interrompre ou de couper la file des voitures, à la sortie de ces mêmes établissements.

V. de P.— O. P. du 10 juillet 1857 art. 31, et du 26 mai 1866, art. 10, concernant les voitures de place.

V. de R. — O. P. du 24 décembre 1857, art. 41 et du 26 mai 1866, art. 19, concernant les voitures de remise.

V. de G. R. — O. P. du 24 décembre 1857, art. 41 et du 26 mai 1866, art. 14, concernant les voitures de remise.

10. — Les voitures devront être conduites habituellement au trot.

Par exception, les cochers les conduiront au pas dans les marchés, dans les rues étroites où deux voitures seulement peuvent passer de front, au passage des barrières, au détour des rues, sous les guichets du Louvre et des Tuileries, à la descente des ponts et sur tous les points de la voie publique où il existe soit une pente rapide, soit des obstacles à la circulation.

Les cochers ne pourrot traverser les halles du centre avant dix heures du matin.

V. de P. — O. P. du 10 juillet 1857, art. 32 et du 26 mai 1866, art. 10, concernant les voitures de place.
V. de R. — O. P. du 24 décembre 1857, art 42 et du 26 mai 1866, art. 19, concernant les voitures de remise.
V. de G. R. — O. P. du 24 décembre 1857, art. 42 et du 26 mai 1866, art. 14. (Les cochers de grande remise sont tenus de se conformer aux deuxième et troisième alinéas des dispositions qui précèdent).

11. — Il est expressément défendu aux cochers dont les voitures ne seront pas louées de les faire stationner même momentanément sur des points non affectés au stationnement par l'administration.

Toute voiture de remise libre devra

être ramenée directement à sa remise. Il est formellement interdit au cocher de cette voiture de charger en route, sous quelque prétexte que ce soit.

Le cocher d'une voiture autorisée à stationner et charger sur la voie publique devra, au contraire, lorsqu'il sera rencontré, ayant sa voiture libre, par des personnes qui voudront faire usage de cette voiture, marcher à leur réquisition et aux prix des tarifs ; mais il lui est expressément défendu de racoler les passants et d'offrir sa voiture au public par paroles ou par gestes, de parcourir les rues au pas ou en faisant exécuter à sa voiture, sur la même ligne un va et vient, tous actes constituant la maraude, qui est formellement interdite.

* V. de P. — O. P. du 26 mai 1866, art. 5, concernant les voitures de place.

* V. de R. — O. P. du 26 mai 1866, art. 9 et 10, concernant les voitures de remise et du 26 mai 1866, art. 5, concernant les voitures de place.

*V. de G. R. — O. P. du 26 mai 1866,

art. 9 et 14, concernant les voitures de remise.

12. — Les cochers dont les voitures seront louées, les placeront de manière à gêner le moins possible la circulation.

Dans toutes les rues qui n'auront pas une largeur d'au moins douze mètres (les trottoirs compris), il leur est défendu de stationner vis-à-vis d'une voiture déjà arrêtée du côté opposé.

Si une voiture stationne dans une rue sans trottoirs, il devra être laissé un passage libre pour la circulation entre cette voiture et les maisons riveraines.

Dans aucun cas, le stationnement des voitures ne pourra avoir lieu aux carrefours et aux embranchements des rues, ainsi que devant l'entrée des passages publics qui sera constamment maintenue libre.

Le cocher qui attendra à la porte des particuliers ou sur tout autre point de la voie publique ne quittera pas sa voiture

V. de P· — O. P. du 10 juillet 1857, art. 33 et du 26 mai 1866, art. 10, concernant les voitures de place.

V. de R. — O. P. du 24 décembre 1857, art. 43, et du 26 mai 1866, art. 19, concernant les voitures de remise.

V. de G. R. — O. P. du 24 décembre 1857, art. 43, et du 26 mai 1866, art. 14 concernant les voitures de remise.

13. — Les cochers allumeront dès la chute du jour les lanternes de leurs voitures.

V. de P. — O. P. du 10 juillet 1857, art. 36 et du 26 mai 1866, art. 10, concernant les voitures de place.

V. de R. — O. P. du 24 décembre 1857, art. 47, et du 26 mai 1866, art. 19, concernant les voitures de remise.

14. — Il est défendu aux cochers d'accrocher les sacs à avoine ou musettes au siége et à aucune autre partie extérieure de la voiture.

V. de P. — O. P. du 10 juillet 1857, art. 35, et du 26 mai 1866, art. 10, concernant les voitures de place.

Nota. — Ces dispositions ne se trou-

vent point dans les ordonnances concernant les voitures de remise.

§ IV. **Des obligations imposées aux cochers,
lorsque leurs voitures sont en station sur les
emplacements à ce affectés.**

1. — Les cochers prendront rang sur
les stations au fur et à mesure de leur arrivée.

Leur tour de passer aux avançages sera également déterminé d'après l'ordre
de leur arrivée sur les stations.

V. de P. — O. P. du 10 juillet 1857,
art. 37, et du 26 mai 1866, art. 10, concernant les voitures de place.
V. de R. — O. P. du 26 mai 1866,
art. 10, concernant les voitures de remise
et du 10 juillet 1857, art. 37, concernant
les voitures de place.

2. — Il est formellement interdit aux
cochers de mettre leurs voitures en dou-
ble file ou hors place.

Toute voiture devra être maintenue
dans les limites de la station.

Il ne pourra y avoir sur la station un

plus grand nombre de voitures que celu
qui aura été autorisé.

V. de P. — O. P. du 10 juillet 1857,
art. 38 et du 26 mai 1866, art. 10, concernant les voitures de place.
V. de R. — O. P. du 26 mai 1866,
art. 10, concernant les voitures de remise, et du 10 juillet 1857, art. 38, concernant les voitures de place.

3. — Il leur est défendu de laver leurs
voitures, soit sur les stations, soit sur
tout autre point de la voie publique.

Ils devront maintenir en bon état de
propreté l'intérieur de leurs voitures.

V. de P. — O. P. du 10 juillet 1857,
art. 39, et du 26 mai 1866, art. 10, concernant les voitures de place.
V. de R. — O. P. du 26 mai 1866,
art. 10, concernant les voitures de remise
et du 10 juillet 1857, art. 39, concernant
les voitures de place.

4. — Ils pourront faire manger et boire
leurs chevaux sur les corps de place et
sur les réserves.

Toutefois cette faculté est interdite aux
cochers des deux premières voitures.

Il leur est défendu de faire boire et manger leurs chevaux sur les avançages, ainsi que sur tout autre point de la voie publique.

Cependant, lorsque les cochers seront gardés, ils pourront faire manger l'avoine sur quelque point de la voie publique que ce soit, mais à la condition expresse qu'ils se tiendront à la tête de leurs chevaux pendant tout le temps qu'ils mangeront et que l'avoine sera renfermée dans une musette à la tête du cheval.

V. de P. — O. P. du 10 juillet 1857, art. 40, et du 26 mai 1866, art. 10, concernant les voitures de place.

V. de R. — O. P. du 26 mai 1866, art. 8 et 10, concernant les voitures de remise et du 10 juillet 1857, art. 40, concernant les voitures de place.

V. de G. R. — O. P. du 26 mai 1866, art. 14, et du 24 décembre 1857, art. 44, concernant voitures de remise. (Les deux derniers alinéas des dispositions qui précédent sont applicables aux cochers de voitures de grande remise).

5. — Les cochers des deux premières

voitures d'un corps de place ou d'un avançage se tiendront toujours sur leurs sièges ou à la tête de leurs chevaux, qui devront être bridés et prêts à marcher.

Cependant, toutes les fois qu'un corps de place, aura été complétement évacué, les cochers des deux premières voitures arrivées sur ce point pourront y faire manger et boire leurs chevaux.

V. de P. — O. P. du 10 juillet 1857 art. 42, et du 26 mai 1866, art. 10, concernant les voitures de place.

V. de R. — O. P. du 26 mai 1866, art. 10, concernant les voitures de remise et du 10 juillet 1857, art. 42, concernant les voitures de place.

6. — Il leur est défendu de débrider entièrement leurs chevaux lorsqu'ils leur donneront à boire ou à manger.

Ils leur enlèveront seulement le mors de la bouche.

Après l'abreuvement des chevaux, l'eau qui pourrait rester au fond des seaux devra être versée dans le ruisseau avec précaution, de manière à ne pas atteindre les passants.

V. de P. — O. P. du 26 mai 1866, art. 6, concernant les voitures de place.
V. de R. — O. P. du 26 mai 1866, art. 6, concernant les voitures de remise et du 26 mai 1866, art. 6, concernant les voitures de place.

Nota. — Les dispositions des deux premiers alinéas comprennent également l'art. 45 de l'ordonnance du 24 décembre 1857, et de l'article 19 de l'ordonnance du 26 mai 1866, concernant les voitures de remise.

7. — Les cochers devront marcher à toute réquisition quel que soit le rang que leurs voitures occuperont sur la station.

Ils ne pourront s'absenter de la station sans l'autorisation du surveillant.

V. de P. — O. P. du 10 juillet 1857, art. 43, et du 26 juillet 1866, art. 10, concernant les voitures de place.
*. — En cas d'infraction au premier alinéa des dispositions qui précédent, la voiture est envoyée en fourrière.
*. V. de R. — O. P. du 26 juillet 1866,

art. 10, concernant les voitures de remise et du 10 juillet 1857, art. 43, concernant les voitures de place.

8. — Il leur est interdit de gêner la circulation sur les trottoirs ou dans les rues, en se réunissant en groupe, et de troubler la tranquilité publique soit par des cris, des disputes ou des rixes, soit de toutre autre manière.

V. de P. — O. P. du 10 juillet 1857, art. 44, et du 26 mai 1866, art. 10, concernant les voitures de place.
V. de R. — O. P. du 26 mai 1866, art. 10, concernant les voitures de remise et du 10 juillet, 1857, art. 44, concernant les voitures de place.

9. — Il est fait expresse défense aux cochers de dégrader les arbres par quelque moyen que ce soit, d'en laisser arracher l'écorce par les chevaux et de rien faire qui soit de nature à nuire à leur conservation.

V. de P. — O. P. du 26 mai 1866, art. 10, et du 10 juillet 1857, art. 45, concernant les voitures de place.

V. de R. — O. P. du 26 mai 1866, art. 10, concernant les voitures de remise et du 10 juillet 1857, art. 45, concernant les voitures de place.

§ V. Des obligations spécialement imposés aux cochers de voitures de remise lorsque leurs voitures sont en station dans les lieux de remisage.

1. — Il est défendu aux cochers de laver leurs voitures, soit daus les lieux de remisage, soit sur un point quelconque de la voie publique.

Ils devront maintenir en bon état de propreté l'intérieur de leurs voitures.

V. de R. — O. P. du 24 décembre 1857, art. 48, et du 26 mai 1866, art. 19, concernant les voitures de remise.

2. — Il est défendu aux cochers :

1° De faire entrer leurs voitures dans les lieux de remisage ou de les en faire sortir à reculons ;

2° De faire stationner dans un lieu de remisage un plus grand nombre de voitures que celui qui aura été autorisé ;

3° De quitter leurs voitures lorsqu'elles sont en station ;

4° De gêner la circulation sur les trottoirs ou dans les rues, en se réunissant en groupe, et de troubler la tranquillité publique, soit par des cris, des disputes ou des rixes, soit de toute autre manière.

V. de R. — O. P. du 24 décembre 1857, art. 49, et du 26 mai 1866, art. 19, concernant les voitures de remise.

3. — Les cochers devront marcher à toute réquisition, quel que soit l'ordre de sortie des voitures d'un lieu de remisage.

* V. de R. — O. P. du 24 Décembre 1857, art 50, et du 26 mai 1866, art. 19, concernant les voitures de remise.

4. Dans les lieux de remisage, les cochers devront attacher leurs chevaux solidement et de manière que la tête du cheval soit toujours à 20 centimètres au moins en arrière de l'alignement de la voie publique.

V. de R. — O. P. du 24 décembre 1857, art. 51, et du 26 mai 1866, art. 19, concernant les voitures de remise.

§ VI. Apprentis cochers,

1. — Nul ne pourra, sans notre autorisation, être employé comme apprenti-cocher.

V. de P. — O. P. du 10 juillet 1857, art. 46, et du 26 mai 1866, art. 10, concernant les voitures de place.

2. — Lorsqu'un individu sera admis comme apprenti-cocher, il lui sera délivré un extrait timbré de son inscription au registre.

V. de P. — O. P. du 10 juillet 1857, art. 47 et du 26 mai 1866, art. 10, concernant les voitures de place.

3. — Les apprentis-cochers ne devront jamais conduire seuls, et ils ne pourront monter sur le siége après dix heures du soir.

* V. de P. — O. P. du 10 juillet 1857, art. 49, et du 26 mai 1866, art 10, concernant les voitures de place.

Nota. — Les dispositions qui précèdent ne se trouvent point dans les ordonnances de police concernant les voitures de remise et de grande remise.

III

DISPOSITIONS GÉNÉRALES

Cas où les voitures sont conduites à la fourrière.

En cas d'infraction aux dispositions prescrites par les articles 4, 10, 24, 25, 43 (1ᵉʳ alinéa) et 49 de l'ordonnance de police du 10 juillet 1857, et aux articles 4, 5 et 8 de l'ordonnance de police du 26 mai 1866 concernant les voitures de place ; et en cas d'infraction aux articles 14, 20, 35 et 50 de l'ordonnance du 24 décembre 1857, et aux articles 1, 2, 5, 6, 7, 9 et 17 de l'ordonnance du 26 mai 1866, concernant les voitures de remise, la voiture sera conduite, par mesure disciplinaire, à la fourrière de la préfecture de police, sans préjudice des poursuites judiciaires à exercer contre le contrevenant.

V. de P. — O. P. du 26 mai 1866, art. 8, concernant les voitures de place.

V. de R. — O. P. du 26 mai 1866, art. 17, concernant les voitures de remise.

Nota. — Nous faisons remarquer que, dans notre résumé, les articles que nous venons d'énumérer sont précédés d'un astérisque.

CHAPITRE IV

CONDUCTEURS DE VOITURES SUR LE PASSAGE DES VOIES FERRÉES DANS LE RESSORT DE LA PRÉFECTURE DE POLICE

Ordonnance de police du 8 avril 1875.

Art. 1er. — Tous les rouliers, charretiers ou conducteurs de voitures quelconques ou de bêtes de charge circulant sur les routes où sont établies des voies ferrées à traction de chevaux, seront tenus de se garer et de laisser la voie ferrée entièremegt libre au premier avertissement, consistant en un coup de trompe ou de sifflet, donné par les conducteurs des voitures spéciales de ladite voie.

CHAPITRE V

MAUVAIS TRAITEMENTS EXERCÉS ENVERS LES ANIMAUX DOMESTIQUES

Loi du 2 juillet 1850.

Article unique. — Seront punis d'une amende de cinq à 15 francs, et pourront l'être de un à cinq jours de prison, ceux qui auront exercé *publiquement* et *abusivement* de mauvais traitements envers les animaux domestiques.

La peine de la prison sera toujouis appliquée en cas de récidive.

L'article 483 du Code pénal sera toujours applicable.

REMARQUE. — Il y a récidive lorsqu'il a été rendu contre le contrevenant, dans les douze mois précédents, un premier jugement pour contravention de police commise dans le ressort du même tribunal, (art. 483 du Code pénal).

TABLE DES MATIÈRES

FIN DE LA TABLE DES MATIÈRES

Poissy. — Imprimerie Edmond ROUSSET et Cie.

www.ingramcontent.com/pod-product-compliance
Ingram Content Group UK Ltd.
Pitfield, Milton Keynes, MK11 3LW, UK
UKHW021647130726
13696UKWH00004B/1467